LA FRANCE

EN 1868

PARIS — IMPRIMERIE L. POUPART-DAVYL, RUE DU BAC, 30.

LA FRANCE

EN 1868

PAR

M. JOSEPH MICHON

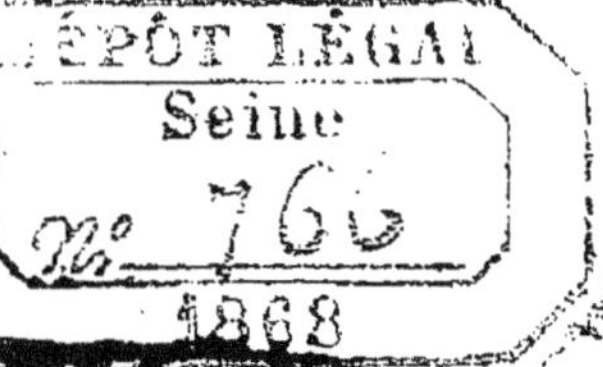

PARIS

ARMAND LE CHEVALIER, ÉDITEUR

61, RUE RICHELIEU, 61

1868

LA FRANCE

EN 1868

L'opinion publique a accueilli avec une émotion unani-
mement pénible le vote du Corps législatif qui a changé,
en l'aggravant, le régime militaire de la France. Pour ceux
qui depuis dix-sept ans s'étaient accoutumés à ne point
songer aux affaires publiques, et qui, confiants dans la sagesse de l'Empereur, s'étaient assez profondément endor-
mis pour n'entendre vaguement dans leurs rêves que la
musique sereine des déclarations officielles, pour ceux-là je
comprends la douloureuse surprise du réveil. Mais les
hommes qui ont suivi avec attention la marche des événements n'ont pas pu être étonnés d'une conséquence nécessaire de la politique du gouvernement. Leur tristesse n'est
pas moins profonde; mais elle a du moins ce calme que
donne une longue prévision. Il est dans la nature humaine
non d'être moins affligé, mais d'être moins abattu par un
mal que l'on sait depuis longtemps inévitable.

La loi militaire de 1832, qui suffisait au Gouvernement
parlementaire, ne pouvait contenter la France impériale.
M. le Ministre d'État a eu raison de le dire, le projet de ré-

forme militaire ne date pas de Sadowa ; pour nous il est né le jour où le pays a acclamé l'Empire.

Nous ne voulons pas nous arrêter sur les détails de cette réforme maintenant accomplie ? Que ceux qui, bien qu'un peu tard, désirent en mesurer l'opportunité et en connaître les incohérences, relisent les discours prononcés à la chambre par ce puissant orateur chez lequel la pureté majestueuse du langage s'allie à la tumultueuse éloquence d'une patriotique indignation, ou par cet autre chez lequel le bon sens a tant d'esprit ; qu'ils se reportent à ces remarquables écrits qui, il y a six mois, ont laissé dans les esprits les plus légers une impression qui dure encore. Nous ne pourrions rien ajouter aux critiques de deux hommes de guerre, dont l'un (1), qui a préféré la retraite à la violation de la foi jurée, n'en est pas moins considéré encore aujourd'hui comme l'un des créateurs de cette armée d'Afrique que l'Europe a connue à Sébastopol, et dont l'autre, plus jeune (2), a montré à Solférino ce que le pays pouvait espérer de lui. Et si nous voulions nous élever à des études plus générales sur l'origine, la formation et les aptitudes de notre armée, nous reviendrions à cet article célèbre qui n'a pas besoin d'être signé pour que tout le monde y reconnaisse une main qui porterait encore l'épée de Condé (3).

La réforme militaire, nous le répétons, n'est qu'un épisode de notre politique, qui n'a sa réelle importance que replacé dans le cadre général. Nous ne nous félicitons pas moins de la secousse qu'elle a donnée à l'esprit public. Le temps marche sans les horloges, et cependant les sonneries sont utiles en rappelant les heures aux distraits. Que ceux donc qui se sont éveillés seulement le matin remontent avec

(1) *Revue des Deux Mondes*, 15 avril 1867 : *Un Mot sur le projet de réorganisation de l'armée*, par le général Changarnier.
(2) *L'Armée française en* 1867.
(3) *Revue des Deux Mondes*, 1er mars 1867 : *Des Institutions militaires de la France*.

ceux qui n'ont pas dormi le cours de notre longue nuit politique. Qu'ils soient indulgents pour les fautes commises;
car ils n'étaient pas à leur poste; mais qu'avec cette fraîche
vigueur que donne un bon sommeil, ils réparent les brèches.
Travaillons tous avec ardeur à la réparation de la chose
commune. Prêtons au gouvernement un concours actif, intel-
ligent; ne lui ménageons ni nos forces, ni nos ressources,
ni nos conseils; qu'il nous trouve véritablement des hommes,
soutenant ce qui est bon, combattant ce qui est mauvais,
sans complaisance comme sans arrière-pensée. En France,
c'est une lâcheté de désespérer; il faut, comme sur un
navire, étudier à l'horizon d'où vient la tempête, rechercher
à l'intérieur où les voies d'eau se déclarent, et quand le
danger est connu courir tous aux cordages et aux pompes.

C'est ce que nous allons essayer de faire ici en examinant
successivement la position où nous a jetés notre politique
extérieure, les ressources que nous a laissées notre régime
administratif à l'intérieur. De cet examen nous espérons
faire jaillir et le désir et le moyen de salut.

I

Lorsque éclata la Révolution de Février, trente ans de gouvernement parlementaire avaient replacé la France au rang que lui avait fait perdre Waterloo. Une politique prudente, mais ferme, sans gloire, mais sans échec, comme il convient à un peuple qui a assez de courage pour supporter et réparer patiemment ses malheurs, avait effacé des traités de 1815 ce qui était contraire à la France, et tout esprit impartial sentait que notre diplomatie, sans rien déchirer, avait mis dans nos mains les armes mêmes dirigées contre nous. L'Angleterre recherchait notre alliance. La Belgique marchait à côté de nous, comme notre fille. La confédération germanique, déjà divisée en deux courants par la rivalité naissante de la Prusse et de l'Autriche, eût trouvé dans une unité économique et commerciale la satisfaction de son esprit national. L'Italie seule souffrait de l'état anormal qu'on lui avait imposé contre nous. Mais Manin n'allait-il pas montrer à l'Europe que l'Italie trouverait son salut et sa vie dans la reconstitution des républiques qui avaient fait sa gloire? Et un an plus tard, c'était la maison de Savoie bien plus que l'indépendance italienne qui devait succomber à Novare.

Au-delà de cette ceinture d'États, qui tous avaient des aspirations libérales, qui tous voyaient avec plaisir les ten-

dances libérales de la France, sur laquelle ils s'habituaient
à s'appuyer, la Russie, qui se préparait à se départir offi-
ciellement de sa mauvaise humeur envers le gouvernement
de Juillet (1), la Russie seule, timidement soutenue par
l'Autriche, osait jeter le cri d'alarme contre la république
française ; mais ce cri sans écho n'obligea même pas le gouvernement de la république à augmenter d'un soldat le
contingent de notre armée. Il est vrai que dix-huit années de
campagnes en Afrique nous avaient formé des troupes aguer-
ries, qu'on craignait en Europe sans les connaître encore.
Le peuple croyait l'armée invincible. Le plus grand reproche
que l'on adressait au gouvernement de Louis-Philippe, c'était
d'avoir dépensé des millions à des fortifications bien inutiles :
car qui aurait eu la pensée alors d'une attaque contre la France ?
L'idée d'une invasion eût paru ridicule aux plus effrayés.

La France en 1848 était donc une des premières puis-
sances de l'Europe. La preuve en est que l'Angleterre fut
saisie de frayeur lorsqu'elle vit arriver au pouvoir un prince
Bonaparte ; elle arma un million de volontaires dans la prévision d'une descente sur ses côtes, et pendant trois ans elle
craignit nuit et jour un nouveau Guillaume le Conquérant.

Le président de la république n'avait donc pas, je le
répète, à replacer la France au premier rang des nations ;
elle y était déjà. Et même si un prince Bonaparte pouvait
prendre en main les destinées de la France, en face de
l'Europe muette, il le devait à ce gouvernement qui déjà
avait ramené les restes de son oncle aux Invalides.

Cet état politique se maintint jusqu'à la guerre de Crimée.
Pendant cette première période, on parla bien de coalition,
de Sainte-Alliance ; on parla aussi, et c'est là l'origine d'une
partie de nos maux, de la revendication des frontières du

_____

(1) Voir l'*Histoire de la politique extérieure du gouvernement français*,
1830-1848, par M. d'Haussonville.

Rhin, mais l'Empereur restait fidèle à sa parole : « L'Empire, c'est la paix. »

Personne aujourd'hui ne dira que la guerre de Crimée était nécessaire. Certes, nous avions, comme nous avons toujours, un grand intérêt à ce que la Russie, déjà trop puissante, ne s'agrandît pas encore. Mais l'empereur Nicolas ne songeait pas à ce moment à s'emparer de Constantinople ; il suivait seulement la politique inaugurée avant lui, continuée depuis lui, qui consiste à entretenir les embarras de l'empire ottoman, à nourrir les germes de dissolution qui y sont si nombreux et si féconds, et à se mettre entre l'Europe chrétienne et la Turquie musulmane dans la position, difficilement attaquable, de protecteur des chrétiens.

Le cabinet anglais crut ou feignit de croire le péril imminent. Il se rapprocha de la France, demanda l'oubli des vieilles rancunes, fournit beaucoup de transports, quelques troupes, et l'on partit en croisade au secours du Grand Turc. Je ne puis pas reprocher à l'Angleterre de nous avoir perfidement engagés dans cette guerre, puisqu'elle envoya avec notre armée les meilleurs de ses soldats, puisqu'à Inkermann l'armée anglaise se fit tuer pour nous donner le temps de la victoire ; mais je ne puis m'empêcher de remarquer qu'elle engagea beaucoup moins de forces que nous dans une guerre où elle avait beaucoup plus d'intérêts.

Ici, je rencontre une théorie chevaleresque, mais périlleuse en politique, c'est la théorie de la guerre pour une idée. Il fut hautement déclaré que nous ne demanderions aucune compensation de nos sacrifices d'hommes et d'argent. La France était trop généreuse pour vendre ses services et assez riche pour payer sa gloire.

Qui ne voit le danger de ces maximes, lorsque le droit de paix et de guerre est entre les mains d'un seul homme ? Quelle est l'idée d'aujourd'hui ? quelle sera l'idée de demain ? Aujourd'hui le droit divin, demain les nationa-

lités; ici l'équilibre européen, là le besoin de laver une
honte de famille en déchirant les traités; ici la restauration
de l'indépendance, là l'oppression sous le nom d'ordre réta-
bli, et partout et toujours le droit exorbitant de verser le
sang humain pour une raison ou pour un caprice.

Par la guerre de Crimée, on devait maintenir l'équilibre
européen. Mais le gouvernement doit se demander aujour-
d'hui comment il a pu engager une grande guerre, jeter nos
meilleures troupes sur des terres désolées, où la maladie
faisait plus de victimes que les batailles, entreprendre à
mille lieues un des siéges les plus terribles de nos annales,
pour un principe que, quatre ans plus tard, il allait combattre en Italie, qu'il devait publiquement bafouer dans le
discours mémorable d'Auxerre, auquel il devait faire donner
le coup de grâce à la tribune, du Corps législatif par la voix
toujours convaincue et applaudie de M. Rouher.

Mais, sans nous occuper encore des contradictions de
l'avenir, le résultat du moment fut-il obtenu? La Russie fut-
elle amoindrie? l'empire ottoman raffermi? Dieu veuille
que le même règne n'ait pas l'humiliation de voir défaire
l'œuvre de ses premières années!

L'Allemagne ne prit pas part à cette guerre. Le gouvernement français ne vit dans cette abstention que la ruine
avouée de la Sainte-Alliance; il ne comprit pas que cette
abstention était due à un travail tumultueux d'enfantement
qui empêchait l'Allemagne de concourir à la défense d'un
ordre européen qu'elle allait bouleverser à son profit. Pendant que notre armée était dans les tranchées de Sébastopol,
nous ne veillions pas au delà du Rhin.

La guerre de Crimée n'ajouta donc rien à la puissance
extérieure de la France. Soyons juste en disant qu'elle ne
la diminua pas. Nous ne pourrons pas toujours en dire
autant des guerres suivantes. Elle fut stérile, elle ne fut pas
funeste. Quel triomphe!

Ce serait cependant manquer de sagacité que de ne pas voir le profit que le gouvernement en sut tirer pour lui-même.

Il y a en France un grand nombre de têtes que l'odeur de la poudre échauffe et que le bruit du canon met en gaieté. Ces gens ne connaissent de notre histoire que nos succès. S'ils ne peuvent dissimuler un revers, ils ne sauraient accepter l'idée qu'il est dû à une faute, et ils accusent la fatalité ou la trahison. A ceux-là, on montra en grande pompe les drapeaux de l'Alma et les canons de Sébastopol.

Mais à côté de ces fanatiques, le peuple tout entier, le peuple qui avait porté l'armée dans ses flancs, le peuple était agité d'une convulsive émotion pendant tout le temps que nos soldats étaient au loin devant l'ennemi. Pendant toute la guerre, aucun besoin, aucun désir, aucune aspiration ne sortit de ces poitrines haletantes d'inquiétude. Rien ne put détourner nos yeux de cet Orient où était engagé ce que nous avions de plus cher. Le peuple alors était facile à gouverner. Et lorsque rentra cette armée décimée et victorieuse, ce fut une expression folle de joie et de bonheur. Les fleurs pleuvaient avec les larmes sur ces glorieux débris de nous-mêmes ; mais les couronnes lancées par les mères allaient moins aux chefs qui nous avaient donné la victoire qu'à ceux qui avaient ménagé le sang de nos enfants. L'Empereur put voir, s'il sut dominer le contagieux frémissement de la foule qui l'entourait, quel sûr moyen de gouverner est la guerre ; il put comprendre qu'en France la gloire pendant un certain temps tiendrait lieu de liberté.

J'ai insisté à dessein sur la guerre de Crimée, parce que c'est là le pivot de la politique impériale. L'Empereur fut vraiment sacré sur la place Vendôme, devant la statue de son oncle, au retour des troupes de Crimée. La France est

désormais redevenue une nation militaire. La guerre peut
n'être qu'un moyen de régner. Nous n'avons plus alors à
nous inquiéter, dans l'examen rapide que nous allons faire
des guerres suivantes, du but de politique extérieure, souvent difficile à deviner. L'Empire a retrouvé ses traditions,
sa raison d'être : il s'enveloppe dans la pourpre et se couronne de lauriers.

Trois ans se passent ; un horrible attentat se commet, et
la guerre d'Italie commence. Je ne suis pas de ceux qui
osent dire que l'Empereur fit la guerre par peur après le
crime d'Orsini. Mais je ne vois rien d'impossible à ce que cet
attentat d'un Italien ait réveillé, dans le cœur d'un prince
ému, des sentiments de jeunesse pour lesquels il avait com-
battu, pour lesquels il avait vu sa tête à prix, et à ce que
ce sanglant avertissement lui ait fait croire le temps enfin
arrivé de mettre en œuvre son amour pour l'Italie.

Quoi qu'il en soit, la guerre d'Italie ne fut qu'une faute
généreuse. Ce fut une faute de la part de l'Empereur, parce
que la victoire devait nécessairement tourner contre lui ou
contre nous. Je m'explique. La France croyait avoir intérêt à
détruire l'influence autrichienne à nos portes, insuffisamment
gardées par la fidélité douteuse de la maison de Savoie. Mais
pour que le remède ne fût pas pire que le mal, il fallait
rendre la liberté à toutes ces villes autonomes de l'Italie,
qui se fussent constituées en républiques distinctes. N'avait-
on pas à craindre alors la fermentation et l'explosion d'idées
et de principes dangereux pour la monarchie impériale ? et
le bénéfice, à l'intérieur, d'une guerre qui frappait l'esprit
des populations, eût été perdu.

En constituant l'unité italienne, l'Empereur, on l'a assez
répété, formait à nos portes une grande puissance, unie à
nous par le lien fragile de la reconnaissance, séparée de
nous par la force toujours agissante de ses intérêts. L'Empereur le comprit si bien qu'il dut, malgré les réclamations

de l'Europe, prendre les clefs des Alpes en annexant la Savoie, et garder ainsi en ôtage contre le roi d'Italie le berceau de ses ancêtres. Ce que l'Empereur sembla oublier, c'est qu'il avait garnison à Rome ; que l'unité italienne voudrait Rome pour capitale, et qu'alors, dans ce conflit, éclaterait une question religieuse, le plus terrible danger que puisse affronter un gouvernement.

Que la République française eût fait la guerre d'Italie, c'eût été une chose salutaire, parce qu'elle eût semé autour d'elle des idées fécondes de liberté ; c'eût été peut-être une chose heureuse pour la conciliation des intérêts religieux, parce que le gouvernement pontifical, qui à d'autres époques avait été à la tête du progrès de l'Italie, eût compris la nécessité d'une transformation politique et eût accordé à ses sujets une constitution libérale, tandis que le prince temporel refuse (quel prince ferait autrement ?) d'abandonner son trône et de livrer ses États à un prince étranger. Je ne veux pas laisser de doutes sur ma pensée. C'est une perversion des sentiments de justice de dire qu'à cause de la configuration géographique Rome appartient au roi d'Italie. Rome appartient aux Romains.

Au milieu des orages grossissants de la question italienne, tout ami sensé du gouvernement de l'Empereur doit lui souhaiter le courage de laisser défaire ce qu'il a fait. Entre deux dangers qu'il choisisse le moindre. Qu'il laisse des républiques s'établir partout où les appellent de glorieux souvenirs, et si les idées libérales écloses sous le soleil italien franchissent les Alpes, il en sera quitte pour donner la liberté chez lui.

On voit combien fut féconde en complications fâcheuses cette guerre d'Italie, terminée en trois mois, qui ne compte que des victoires, et après laquelle le héros de Magenta et de Solférino put se croire l'égal du vainqueur de Rivoli, d'Arcole et de Marengo.

Nous arrivons maintenant à une période où la gloire ne couvre plus les fautes ; fautes heureuses, dirais-je, si, faisant tomber l'enivrement de la victoire, elles laissaient voir au souverain le danger du gouvernement sans contrôle.

Je ne ferai que citer l'expédition du Mexique. Mon but n'est pas d'accumuler des griefs contre le gouvernement de l'Empereur, je veux seulement que la lumière se fasse pour les esprits impartiaux : sur cette triste question, les plus aveugles mêmes voient clair. Je me joindrai seulement à mon illustre ami M. Prévost-Paradol (1) pour protester contre ceux qui ont expliqué cette entreprise par une sordide question d'argent. Que de hauts personnages aient fait un trafic honteux sur des créances véreuses, peu m'importe. Le gouvernement de l'Empereur n'eût pas été assez inepte, quand même il eût été assez malhonnête, pour enrichir à si grands frais des hommes qu'il pouvait sans rien risquer combler d'honneurs, de places, de titres et d'argent. Le gouvernement a eu une autre pensée, cette même pensée qui l'avait fait reculer devant l'établissement de républiques en Italie. Les États-Unis, cette république florissante qui donne un démenti à ceux qui ne croient viables que les monarchies, traversaient une crise terrible. Être là pour les écraser s'ils faiblissaient et reconstituer une grande monarchie en Amérique était un dessein que les amis de la liberté peuvent blâmer, mais que des flatteurs imprudents devaient conseiller à l'ambition d'un césar. Et ces conseillers funestes qui avaient pu faire signer à l'Empereur le décret fameux sur la fortune privée des princes d'Orléans ne pouvaient-ils fomenter des sentiments personnels de jalousie, auxquels n'échappent pas même les plus grandes âmes, contre un État qui laissait prendre une part de gloire à des princes français proscrits ?

(1) *L'Élévation et la chute de l'empereur Maximilien*, par le comte de Kératry, précédé d'une préface par Prévost-Paradol. Paris, 1867.

Terrible a été le châtiment de cette faiblesse, et nous n'avons pas le courage d'adresser de nouveaux reproches à celui qui l'a subi.

Mais sans parler des hommes, de l'argent et de l'honneur que cette guerre nous a coûtés, elle a eu une influence pernicieuse sur notre position en Europe, d'abord en faisant douter de la sagesse de notre gouvernement, et surtout en ne nous laissant pas toutes nos forces disponibles pour intervenir dans les affaires d'Allemagne.

Je ne puis assez relire ces admirables discours de M. Thiers sur la question des duchés, où il déroule l'avenir avec autant d'exactitude qu'il écrit l'histoire du passé. Là est l'explication de ce triste rôle que nous avons joué dans une des plus grandes questions européennes. Toute notre conduite peut se résumer en deux mots : nous avons commencé par une faiblesse, nous avons fini par une sottise.

Nos principes chevaleresques se sont évanouis quand il s'est agi de défendre le Danemark; nous qui ne voulions aucune récompense pour courir en Orient, nous exigions des compensations sur le Rhin pour consentir à sauver un allié séculaire de la France. Il n'était pas sûr que nous fussions obligés de tirer l'épée; nous n'avons pas même parlé. Il semble que nous ayons été fascinés par cet homme qui se faisait une gloire de gouverner malgré les représentants de la Prusse, qui comptait les coups d'État comme des victoires, qui exploitait le sentiment national au profit du despotisme intérieur, et qui avait pour maxime de faire taire les plaintes au bruit du canon. Nous le recevions en secret, comme un conspirateur, à Biarritz, en attendant qu'il vînt comme un empereur d'Allemagne à Paris.

Nous avons laissé écraser le Danemark au nom du principe de non intervention; nous avons laissé succomber l'Autriche à Sadowa au nom du principe des nationalités.

L'Italie, que nous avions créée, nous liait les bras. Ah! nous comprenons l'anxiété qui saisit nos ministres le jour de la bataille de Sadowa, et que rappelait éloquemment à la tribune M. le ministre d'État. La France tout entière l'éprouva aussi et gémit de son impuissance.

Comment expliquer la tentative d'acquisition du Luxembourg que fit alors le gouvernement français, si ce n'est par ce vertige qui nous surprend quand nous sommes tout à coup engagés sur un précipice que nous n'avions pas aperçu et qui nous force, malgré l'instinct de conservation, à nous jeter dans l'abîme?

Ce fut le couronnement de notre politique extérieure. Aucun lambeau de gloire ne couvrit la nudité de cet échec, et notre orgueil a été humilié au point de reconnaître la modération de M. de Bismark.

Telle est aujourd'hui dans sa triste réalité la position de la France en Europe. Et les organes du gouvernement, qui, il y a dix ans, nous montraient notre marche triomphale à la tête des nations, font tous leurs efforts pour stimuler nos sacrifices par la peur. Les discours officiels font appel à notre courage pour repousser l'ennemi de nos frontières; il faut éveiller chez les populations le souvenir douloureux de l'invasion, et si la guerre éclatait ce ne serait plus pour la domination du monde, mais pour la conservation de nos foyers qu'il faudrait combattre.

Dans ce danger, où sont nos alliés? Ces souverains amis qui se pressaient à nos fêtes se sont éloignés de nous dès qu'a été vidée la dernière coupe. Ils se trouvaient mal à l'aise, ces despotes du droit divin, d'être les hôtes de la France de 89, et comme ces jeunes gens de bonne maison, qui se sont laissé entraîner à la débauche, ils ont jeté un regard de mépris sur l'instrument de leurs plaisirs. Malheur à la France, qui donne asile aux martyrs de la Pologne!

Pas d'alliés, pas d'influence, pas de crédit. Voilà aujour-
d'hui notre position en Europe. Est-ce une raison de désespérer ? Je ne le crois pas. Mais quand l'Allemagne peut
mettre quinze cent mille hommes sous les armes, quand la
Russie en peut mettre autant, est-ce le moment de procla-
mer que la puissance des nations se mesure au nombre des
soldats, et d'épuiser les forces vives de la nation pour avoir
un petit million d'hommes à leur opposer ?

Il faut à jamais renoncer à une politique provocatrice sans
résolution et téméraire sans énergie; il faut accepter les
faits accomplis par la force, mais il ne faut pas compter sur
les changements de la fortune pour avoir la force à son tour.
Il y a, Dieu merci, dans le monde une autre puissance que
les armes. La France a toujours marché à la tête du progrès
moderne. C'est à l'exemple de sa révolution de 89 que
tous les peuples de l'Europe se sont affranchis ou aspirent
à leur délivrance. Proclamons, et surtout appliquons ces
salutaires principes de liberté, d'égalité qui élèvent l'homme
et lui donnent le sentiment de son rôle dans la vie sociale ;
et alors si l'amitié des rois nous manque nous aurons la
fraternité des peuples.

C'est par son ascendant moral que la France reprendra
le rang qu'elle a perdu. Personne ne le comprend mieux
que l'Empereur; car s'il a été entraîné par le nom guerrier
qu'il porte à demander à l'épée le prestige de sa couronne,
c'est par le suffrage du peuple qu'il a restauré le trône de
Napoléon. Sept millions de citoyens l'ont élevé sur le pa-
vois. Un million de soldats ne le soutiendrait pas contre la
volonté populaire. Il continuera d'être l'interprète et l'exé-
cuteur de la volonté nationale. Désabusé de maximes
trouvées peut-être dans les cartons de Sainte-Hélène, le
prisonnier de Ham se souviendra que la plus grande puissance d'un peuple est dans une idée : l'idée moderne, c'est
la liberté. Alors la France, librement livrée à l'expansion

de son influence civilisatrice et morale, .saurait répondre
aux attaques de l'Europe; elle montrerait que, si l'infériorité
du nombre a fait succomber l'Empire à Waterloo, nos pères
n'en avaient pas moins triomphé à Jemmapes.

II

Nous venons de voir par l'examen de notre politique extérieure que, s'il n'y avait aucune suite dans notre conduite avec l'Europe, il y avait une pensée constante de faire servir à l'intérieur tout ce qui se faisait au dehors ; il est juste de dire que, tant que la fortune a souri à nos armes, cette pensée a suffi à l'Empire. Flatter l'orgueil national est un moyen facile de satisfaire l'esprit d'un peuple ; il faudrait seulement s'abonner toujours à la victoire. Car ceux qui ont payé sans examen les triomphes n'admettent ni les explications ni les mauvais comptes pour les défaites. Pour nous, qui n'avons jamais été séduits par l'enthousiasme du succès, nous trouverions injuste d'insister outre mesure sur le mécontentement qui naît des revers. Mais nous protestons contre cet appel aux passions, même les plus légitimes, et nous estimons que le seul moyen moral de conduire les peuples en les élevant, c'est au contraire de développer leur raison contre leurs passions.

L'exercice de la raison implique l'usage de la liberté. Mais, comme du choc des libertés individuelles pourraient naître des conflits, la loi est dans un État le modérateur de la liberté. Toute expansion de la liberté au-dessus de la loi est de la licence, toute entrave à la liberté par un autre frein que par la loi est de l'arbitraire. Ainsi s'explique que

le despotisme engendre à la fois l'arbitraire et la licence,
par cela même qu'il ne respecte pas les limites de la liberté.

Je commence par déclarer que je n'attaque nullement la
constitution de l'Empire; que je la tiens pour bonne, jusqu'à ce que les pouvoirs qui ont mission de la changer m'en
donnent une meilleure. Telle qu'elle est elle me convient,
parce qu'elle se compose de deux choses, de principes im-
mortels qui la font vivre et de rouages qu'on change lorsqu'ils sont usés. J'accepte donc l'Empire tel qu'il est, et je
ne puis pas me l'imaginer autrement. Je veux seulement
examiner, dans le cercle qu'il s'est tracé et dans lequel il
m'a enfermé, quel usage il a fait des ressources de la nation.

Lorsque le coup d'État replaça, selon l'expression offi-
ciellement consacrée, la pyramide sociale sur sa base, le
Président de la République, quoique armé d'un très-grand
pouvoir, n'avait rien pu faire pour calmer les esprits; il
avait beau protester de son énergique amour pour la république et pour l'ordre, les élections générales de 1852 se
seraient faites malgré lui dans le chaos. Quand même le
péril qu'il voyait et qu'il nous faisait voir avec une complai-
sante franchise eût été imaginaire, nous serions vraiment in-
grats de méconnaître le service qu'il nous rendit en nous déli-
vrant de la peur du mal, ce qui est pis que le mal lui-même.

Le Prince se fit confirmer par un plébiscite les pouvoirs
qu'il tenait déjà en main. Il se donna un corps législatif et
un sénat : un an plus tard ce sénat nous donna l'Empire.

On dit que c'était la haine de la république qui avait
fait en France le succès de l'Empire. Comme la république
n'avait fait aucun mal ni aux particuliers ni à la chose publique, j'aime mieux croire que la France acclama l'Empire
parce que cette forme de gouvernement lui plaisait, et je
n'ai crainte d'être démenti par personne en disant que jamais souverain, en prenant le gouvernement, ne dut se
croire plus sûr du consentement de ses sujets.

Par conséquent, aucun souverain n'était à même de donner sans rien risquer plus de liberté.

Par un inexplicable malentendu, le gouvernement de l'Empereur prit l'acquiescement du peuple pour une abdication et crut devoir se charger seul de la chose publique, à la prospérité de laquelle tout le monde, plus que jamais, eût été heureux de contribuer. Je sais bien qu'il y avait quelques paresseux esprits qui demandaient avant tout le repos, bon nombre de bourgeois effrayés qui ne souhaitaient que la sécurité, certaines consciences timorées, fidèles à leurs convictions, qui ne pouvaient comprendre de si rapides transformations et qui n'osaient prêter à si bref délai tant de serments contradictoires ; mais l'Empereur n'était pas le représentant de quelques castes, il était l'élu du suffrage universel.

Je tiens à constater qu'il y a dix-sept ans l'Empereur avait la confiance de ses sujets, et, selon moi, son gouvernement, à cause même de cet inébranlable appui, devait developper l'esprit public au lieu de le restreindre, étendre la liberté des individus au lieu de la livrer au caprice des fonctionnaires. Et c'est peut-être parce qu'il a fait fausse route dès le début que la confiance universelle s'est, non pas retirée (Dieu nous en garde !), mais attiédie dans les circonstances difficiles. Il fallait demander à la nation le contrôle sérieux d'un pouvoir incontesté, lui faire partager la responsabilité des actes, ouvrir et encourager la libre discussion pour connaître plus intimement les détails de l'opinion publique ; c'est-à-dire donner au Corps législatif une puissance réelle sur les finances, assurer aux individus la liberté personnelle, laisser à la presse ses franches allures, sous la garantie du droit commun.

Le vote du budget en masse, c'est-à-dire le simple enregistrement des dépenses et la prévision illusoire des recettes, la loi de sûreté générale, des déportations, des exils volontaires ou forcés, aucune publicité des chambres et le silence imposé à l'opinion par le régime arbitraire de la presse, voilà quels furent les débuts du régime administratif de l'Empire ; et si quelqu'un me reprochait de les trouver mauvais, je lui dirais que l'Empereur est de mon avis, puisqu'il a déjà, de son propre mouvement, fait disparaître quelques-unes de ces énormités politiques.

Le mal de ce premier régime lui a survécu. Quitte à être traité d'esprit étroit et arriéré, je compare assez volontiers avec M. Thiers l'État à une famille. Lorsqu'un jeune ménage s'est habitué à dépenser sans ordre et sans économie sa vie, son temps et son argent, il se prête difficilement aux privations et au règlement quand les charges arrivent, et il fait de mauvaise humeur les réformes auxquelles il est obligé. Et lorsqu'il a le courage de faire pour lui-même ces sacrifices, il se heurte au mauvais vouloir de ses domestiques, qui trouvaient leur profit dans le désarroi de la vie de leurs maîtres.

On ne tient pas un peuple immobile. Deux voies étaient ouvertes : l'une, des améliorations matérielles et des jouissances physiques ; l'autre, du développement moral et du progrès intellectuel.

Le gouvernement a eu le tort de choisir la première. Il a eu tort d'abord parce que c'était la moins noble, ensuite parce que les appétits ayant grandi plus vite que les satisfactions possibles, il a recueilli plus de mécontentement que de reconnaissance. Du bien-être au luxe la pente est insensible. A l'assainissement des villes on a bien vite ajouté l'embellissement. Du luxe on tombe aux folies. L'esprit public s'est troublé : j'estime qu'il a eu tort de croire, par exemple, que la ville de Paris dépensait au-delà de ses ressources. Mais il y avait un moyen bien simple de réduire à néant ces calomnies, c'était de mettre le peuple qui paie en mesure de vérifier par lui-même, en lui laissant nommer par le suffrage universel le conseil municipal qui contrôle.

Je me résume : l'omnipotence de l'administration a été pour l'Empire une source d'embarras financiers, de mécontentements grossissants, mais cachés par cette omnipotence même à celui qui avait intérêt à les connaître. Et alors cet article 75 de la constitution de l'an VIII, qui soustrait les fonctionnaires prévaricateurs aux poursuites légales de leurs victimes et qui avait passé presque inaperçu sous les gouvernements parlementaires, où il ne protégeait que virtuellement les administrateurs, à toute heure justiciables de l'opinion publique, devint l'agent le plus efficace de l'Empire, parce que l'impunité est funeste en raison directe de la puissance.

J'indique seulement en passant cet obstacle au progrès libéral, et je renvoie ceux qui veulent sonder les profondeurs de cet abîme au livre de M. Casimir Périer (1), écrit avec le savoir du jurisconsulte, l'émotion d'un homme de bien et le prestige d'un nom cher à la liberté.

Malgré tant de causes dissolvantes, de 1852 à 1860, le gouvernement put successivement violer le droit de propriété par des confiscations, attenter à la sûreté personnelle des citoyens français par la loi de sûreté générale, porter atteinte au crédit public en empruntant un milliard par souscription nationale, ce qui veut dire vendre publiquement la rente française au-dessous du cours du marché public, et célébrer comme un enthousiasme populaire l'empressement du peuple à ramasser dans la rue un bénéfice assuré. A côté de ce mal financier naissait un mal plus général. Les populations rurales, habituées jusque-là à la propriété foncière, s'approchèrent des placements mobiliers. Elles furent éblouies

---

(1) *L'article 75 de la constitution de l'an VIII sous le régime de la constitution de 1852*, par M. Casimir Périer. Paris, 1868. A. Le Chevalier, éditeur.

par les gros intérêts, et l'agriculture, c'est-à-dire la mise
en valeur de la propriété foncière, cette vraie richesse d'un
pays, reçut un coup dont elle ne s'est pas relevée. Ces populations inexpérimentées, attirées sur le marché d'abord
par la rente française, qui offrait au moins la sécurité, se
jetèrent sans discernement sur ces valeurs aléatoires, loteries
autorisées du gouvernement. L'argent français s'engloutit
dans des spéculations étrangères, et le peuple, victime d'une
avidité qu'on avait d'abord nourrie, souffrit doublement du
dommage réel et de l'immoralité de la ruine.

Mais, je le répète, jusqu'en 1860, tout cela se passa en
silence, à l'ombre des lauriers de Crimée et d'Italie.

L'Empereur vit le premier le danger, et résolument il
voulut le conjurer en donnant dans l'administration des
affaires une part plus large aux pouvoirs publics. De là le
décret du 24 novembre 1860, qui nous ramenait timidement à la forme parlementaire, sans l'avouer, et qui pro-
clamait, c'est là le point important, la liberté comme le
couronnement nécessaire de tout édifice social.

Aujourd'hui, comme il y a huit ans, nous remercions sin-
cèrement l'Empereur. Depuis huit ans, nous avons pro-
fité de l'élargissement de nos liens pour nous mouvoir vers
ce but libéral ; par tous les moyens, quelque restreints qu'ils
fussent, nous nous sommes efforcés de montrer au peuple
que là était sa destinée. La lettre du 19 janvier 1867 nous
a confirmé d'une façon éclatante que nous avions marché
dans les vues de l'Empereur.

Et cependant, pendant ces huit années, la chose publique
a continué à décliner ; les finances se sont obérées malgré les
avertissements partis de la tribune et de la presse, la confiance
s'est altérée malgré les déclarations rassurantes des ministres du gouvernement ; les expéditions les plus imprévues ont
été commencées malgré l'indignation publique, et menées à
leur triste fin malgré les hommes et les événements ; des

réformes économiques, d'une utilité contestable et d'une inopportunité incontestée, ont eu ce funeste résultat de tuer le travail dans nos usines. Et les esprits superficiels ont pu croire que ce souffle libéral avait fait fuir la fortune de l'Empire.

La cause qui a rendu inutiles toutes ces réformes, c'est leur caractère. Elles nous ont été données comme une grâce : elles devaient nous être rendues comme un droit. Le bon plaisir qui les avait fait naître pouvait les faire rentrer dans le néant, et la première condition de la confiance est la sécurité du lendemain. Oui, il serait meilleur pour la morale publique que le peuple fût privé d'un bien en sachant qu'il y a droit que d'en jouir comme d'une faveur. L'un fortifie les cœurs, l'autre les énerve. L'exercice de la liberté est souvent douloureux; mais tout chef de peuple doit savoir que, dans les temps difficiles, si la patrie a besoin de sacrifices, il doit tout d'abord rendre au peuple sa virilité.

Le caractère gracieux des concessions libérales faites dans la seconde moitié de l'Empire est la cause de leur stérilité pour le bien public.

Voilà pourquoi la France est tombée aujourd'hui dans cet état insupportable de malaise et de marasme qui n'est ni la guerre ni la paix au dehors, au dedans ni le trouble ni la tranquillité, qui porte les charges de la guerre sans en recueillir la gloire et qui ose les rigueurs de la répression sans avoir l'excuse de la nécessité.

C'est ainsi que, comme dernière expression, le gouvernement en est arrivé, au commencement de cette année, à présenter au Corps législatif et à obtenir de lui, tantôt en l'effrayant, tantôt en le rassurant, cette loi militaire timidement belliqueuse et provocatrice avec faiblesse, qui prend trop de bras à l'agriculture et à l'industrie, sans en donner assez à la défense du pays, qui demande à tous nos enfants l'apprentissage moins de la guerre que de la caserne, qui, par ses dispositions, nous rappelle d'autres temps et un autre Empire, et qui mettrait à la disposition d'un prince moins prudent que le nôtre une milice prétorienne et non une armée.

III

Ce serait mal comprendre ma pensée que de croire que
j'ai voulu, par ce sombre tableau dont je suis plus que personne effrayé, exciter à la haine et au mépris du gouvernement. Quelque affligeant que fût le silence en face de tels
maux, je l'aurais gardé si je n'avais cru que nous avons en
main le remède.

Et, tout d'abord, la faute ne doit retomber ni sur le gouvernement, qui a tout fait, ni sur le Corps législatif, qui a
tout approuvé. Je trouve la justification de ces deux pouvoirs
dans la Constitution de 1852, et dans le mode dont le souverain en a compris l'application. La faute, on va le voir,
retombe tout entière sur le peuple, qui la paie aujourd'hui.

L'Empereur, acclamé deux fois par la presque unanimité
du peuple français, se crut le seul représentant et le seul
mandataire de la nation. Les députés, envoyés par toutes
les provinces, ne lui parurent que les délégués d'intérêts
locaux, et voilà pourquoi il restreignit, dès l'abord, les pouvoirs de l'Assemblée législative.

Mais pour être acclamé sans conditions par le peuple,
l'Empereur n'oublia pas le principe et l'essence des gouvernements modernes. Jusqu'au siècle dernier, les peuples ap-
partenaient aux rois. C'est l'immortel honneur et l'incompa-
rable bienfait de la Révolution française d'avoir appris aux

princes qu'ils ne sont que les ministres des peuples. Pour l'Empereur, les élections au Corps législatif devaient donc avoir la signification d'un plébiscite approuvant ou désapprouvant la conduite de son gouvernement, sans avoir l'inconvénient, pour la tranquillité générale et le prestige de sa couronne, de mettre sa personne en jeu.

C'est même la seule explication raisonnable des candidatures officielles. Quand les députés ne parlaient pas, quel intérêt le gouvernement pouvait-il avoir à ce que les électeurs lui envoyassent un député capable ou incapable de parler? Et maintenant que la tribune est relevée, les ministres peuvent bien préférer un représentant silencieux à un orateur qui leur donne la charge périlleuse d'une réplique souvent difficile; mais l'Empereur, qui gouverne seul, n'est nullement gêné par l'embarras de ses ministres, et même s'il veut voir clair dans l'opinion publique, il doit aimer les discours de l'opposition.

Voilà pourquoi le gouvernement de l'Empereur ne s'est jamais occupé, dans les candidatures officielles, de choisir un candidat connu ou aimé des populations; il a recherché des hommes qui, par leurs antécédents ou par leurs attaches, portaient ostensiblement la marque de leur origine; l'adhésion qu'il obtenait par leur nomination était, à ses yeux, plus significative.

Trois élections successives, en donnant la majorité aux candidats patronnés, ont pu faire croire au gouvernement que la marche qu'il imprimait aux affaires était bonne; et s'il s'est trompé, c'est qu'il a pris, de la part des masses, où les sentiments ont souvent plus d'action que le raisonnement, pour une approbation de sa politique ce qui n'était qu'une preuve d'attachement pour la personne impériale.

Les députés nommés dans ces conditions avaient pour mission de soutenir le gouvernement, et ils ont pu croire obéir à leur conscience en sacrifiant leurs convictions au sentiment dynastique qui les avait portés à la Chambre.

Mais à mesure que le danger de 1852 s'éloigna, la reconnaissance devint plus réfléchie; on commença à comprendre que critiquer les actes et faire voir les fautes n'était pas ébranler le gouvernement. A chaque élection, les voix données à l'opposition augmentèrent; l'Empereur devina les besoins du pays, que la minorité seule encore osait exprimer, et accorda des réformes libérales. C'eut été exiger trop de perspicacité du gouvernement que de vouloir qu'il changeât une politique dont la minorité seule osait montrer du doigt les dangers.

Cette attention que l'Empereur a toujours apportée à saisir la signification des élections ne nous est-elle pas un garant assuré que nous avons, dans la Constitution même, un moyen infaillible de faire remonter au gouvernement la pente fatale par laquelle il nous a entraînés aux embarras présents?

Le moment des élections approche. Le gouvernement dira : Je suis de bonne foi, il m'arrive de toutes parts des clameurs contre ma politique. Je les ferai taire si vous, qui l'avez trois fois acclamée, m'assurez que ma marche est bonne en nommant, même sans le connaître, le candidat que je vous présente.

Ceux qui, de bonne foi aussi, croient voir la France dans la position la plus fâcheuse où elle ait été jetée depuis longtemps, diront avec conviction aux électeurs : Il ne s'agit pas de révolution. L'Empereur vit et il a un fils; la Constitution assure à la dynastie une existence indéfinie. Mais la politique suivie par le gouvernement a été la cause de tous nos maux. Ouvriers, vos fabriques sont-elles en prospérité? Le traité de commerce devait étendre vos travaux; et parce que les dispositions qui en réglaient l'exécution pouvaient être changées du jour au lendemain par une volonté indiscutable, vos patrons n'ont pas reçu de commandes. Agriculteurs, on

a fait des enquêtes, on a multiplié les encouragements ; le
malaise né dans les bonnes années a augmenté dans les
mauvaises, parce que les bras ont été retirés à l'agriculture
par les travaux des villes, et parce que vos productions,
avant d'arriver aux consommateurs, ont été grevées d'impôts
que, pour indirects, vous ne payez pas moins que ceux
établis sur votre champ. Financiers, vous avez plus d'argent
que jamais et vous le laissez improductif dans les caves ; il
irait féconder le travail et l'industrie si vous ne craigniez
pas qu'une volonté souveraine qui, impuissante à donner la
paix, peut, d'un mot, mettre l'Europe en feu, ne vienne
renverser vos combinaisons et changer vos bénéfices en dé-
sastres.

Pères de famille, qui croyiez pouvoir établir votre fils
dans votre état, le mettre à la tête de votre commerce,
compter sur son bras pour cultiver avec vous votre champ,
vous tremblez pour le lendemain, parce que vous savez que,
malgré les déclarations d'un ministre qu'un autre ministre
contredira demain, ce fils pourra être rappelé à l'armée, in-
corporé à la garde nationale mobile, où il courra le danger
de perdre sa moralité dans la caserne ou sa vie dans le
combat.

Tous, vous avez un moyen, je ne dis pas de faire cesser
en un jour, mais de restaurer peu à peu ce triste état que
vous ne pouvez plus supporter. Le remède, c'est la liberté,
la liberté qui contrôle, la liberté qui rassure, la liberté qui
produit, et vous avez entre les mains un moyen de la demander, de l'exiger, de l'obtenir.

De même que le gouvernement vous demande de faire
abstraction de vos sympathies pour nommer le candidat de
l'administration, ne vous inquiétez pas des opinions sur
telle ou telle question du candidat qui se place en face du
candidat du gouvernement ; nommez-le. Le gouvernement se
dira : Le pays trouve ma politique mauvaise ; et il en chan_

gera. Quant à l'élu de vos suffrages, il comprendra que, dans cette crise suprême, ce serait être au-dessous de votre confiance que de se laisser aller à ses passions personnelles. Vous voulez être guéris; il n'aura qu'une pensée : demander, demander toujours le remède, la liberté! Nous ne ferons pas au passé de l'Empereur l'injure de croire qu'un prince, qui a été élevé dans l'exil, qui, il vous l'a dit, a souffert la prison pour le peuple, qui a écrit de belles pages sur les destinées de la France, puisse hésiter un instant à vous laisser reprendre la liberté.

FIN

Paris. — Imprimerie L. Poupart-Davyl, rue du Bac, 36.